Quart Editions Lucerne Anthologie 31

Alexandre Clerc ACARCHITECTES

Alexandre Clerc
Volume 31 de la collection Anthologie

Edité par: Heinz Wirz, Lucerne
Conception: Heinz Wirz; Alexandre Clerc ACARCHITECTES, Fribourg
Direction de projet: Quart Editions, Antonia Wirz
Traduction français-allemand: Christian Rochow, Berlin
Relecture des textes allemands: Miriam Seifert-Waibel, Hamburg
Photos: Yves Eigenmann, Fribourg S. 6, 8–10, 12, 15, 22, 24, 25–27, 46, 48, 49, 51; Thomas Jantscher, Colombier S. 16, 18–20, 34, 36–38, 40, 42, 43, 45, 52, 54–56
Images de synthèses: Maaars, Zürich S. 28, 31, 32, 58, 61
Conception graphique: Quart Editions, Antonia Wirz
Lithos: Printeria, Lucerne
Impression: DZA Druckerei zu Altenburg GmbH

ISBN 978-3-03761-122-7

Egalement publié en allemand (ISBN 978-3-03761-111-1)

Quart Verlag GmbH
Denkmalstrasse 2, CH-6006 Luzern
www.quart.ch

Anthologie 31 – Préface

Heinz Wirz

Il est fascinant – et l'on en oublie le temps – d'écouter Alexandre Clerc revenir sur chacune de ses réalisations, partager ses réflexions architecturales et retracer l'histoire – et les histoires – des projets et des bâtiments eux-mêmes. Des bâtiments, justement, la jeune équipe réunie autour de l'architecte fribourgeois en a déjà construit un nombre considérable, et en achèvera plusieurs autres d'ici 2018. Ils sont ici librement classés en deux catégories, sous les rubriques «disparaître» et «apparaître». Il y a, d'une part, ceux qui s'intègrent à la morphologie et à la topographie du contexte urbanistique, où ils se fondent; d'autre part, ceux qui s'implantent avec assurance dans leur environnement, où ils définissent une figure forte qui marque le lieu et le met en valeur.

Le collège de St-Cierges est un exemple éloquent de la première catégorie. Alors que les autres participants au concours proposaient de placer la nouvelle école en bordure de route, l'équipe d'Alexandre Clerc l'a positionnée à l'extrémité opposée de la parcelle, de manière à définir une nouvelle place publique – une véritable place de village qui représente une plus-value supplémentaire pour la commune. La topographie constituait ici un autre thème de projet, le mur de soutènement qui reprenait déjà le dénivelé du terrain ayant été intégré avec raffinement au nouveau bâtiment.

La seconde catégorie évoquée est parfaitement illustrée par l'immeuble de 18 logements que le bureau a érigé à Fribourg. Avec ses six étages et son implantation perpendiculaire, celui-ci s'affirme parmi les autres bâtiments d'habitation du quartier, dont il forme en quelque sorte la charnière. Son aspect extérieur exprime sa fonction de manière à la fois directe et distinguée. Avec leurs loggias et la qualité de leur organisation interne, les différents appartements répondent pleinement aux exigences du logement et des formes d'habitats contemporains.

Lucerne, juillet 2015

Centre thérapeutique de jour, Givisiez
concours 2004, 1er prix, réalisation 2005–2006

Le centre scolaire et thérapeutique de jour à Givisiez s'implante dans un parc, dont les particularités sont sa forte dénivellation, son impact végétal existant et la présence de vieilles maisons de maître. Le parti pris pour ce projet est de ne pas marginaliser les enfants souffrant de troubles psychologiques, mais de proposer une grande maison, dont l'image ne s'apparente pas à une institution spécialisée. La répartition à l'intérieur du bâtiment doit être très claire, afin que les enfants puissent s'identifier à chaque moment de la journée. La dénivellation est utilisée pour répartir le programme par étage.
Au rez-de-chaussée, sont disposés les accès et les fonctions thérapeutiques. Le rez supérieur, en lien avec le jardin comprend toutes les fonctions en lien avec l'apprentissage de la sociabilité de l'enfant (séjour, repas, salle d'animation et isoloirs). Le 1er étage est consacré aux fonctions scolaires avec quatre salles de classe pouvant accueillir jusqu'à une dizaine d'enfants.
Le concept de matérialité est simple et naturel. Le bois est lisse et chaleureux. Le crépi est rugueux et irrégulier. Les dégagements sont réalisés en béton apparent.

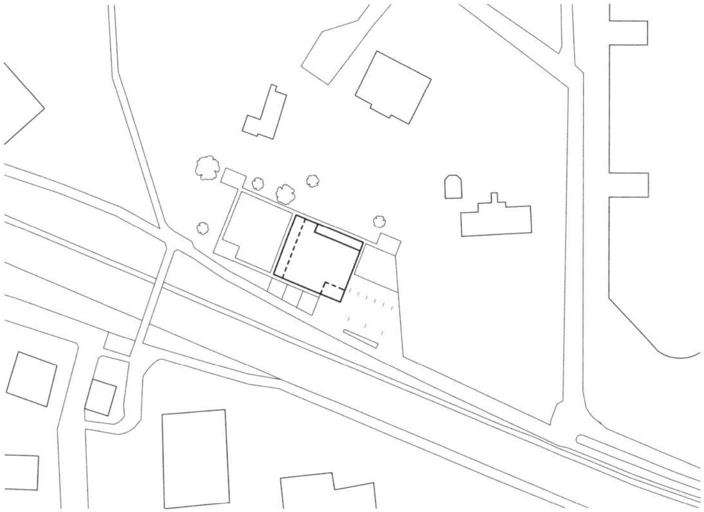

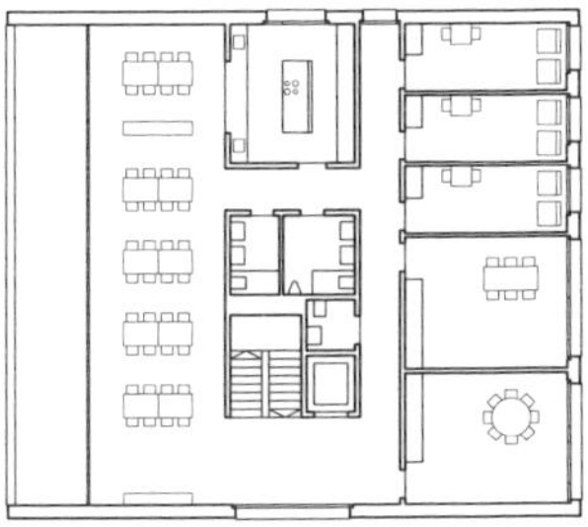

10 m

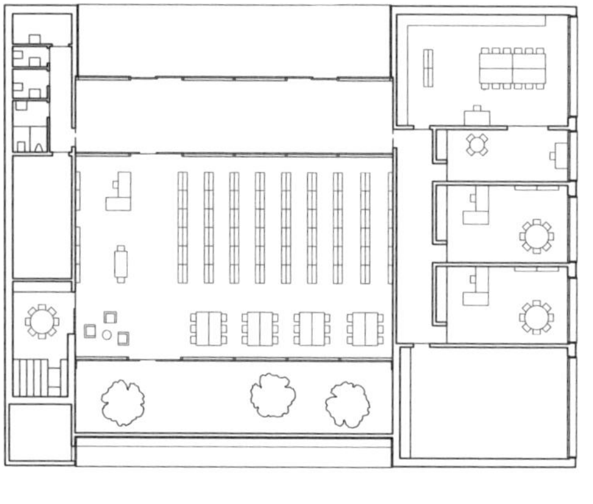
10 m

Cycle d'orientation, Domdidier

concours 2006, 1er prix, réalisation 2008–2009

Le projet de l'agrandissement du cycle d'orientation de la Broye à Domdidier s'inscrit dans un contexte de bâtiments pavillonnaires, dont se dégage un espace de référence principal orienté sur le centre du village. Le projet propose de renforcer la caractéristique du bâti, en complétant la composition par deux bâtiments supplémentaires aux extrémités de la de la cour de récréation. Les entrées, à l'image des bâtiments existants, sont orientées sur ce lieu de référence, dont la surface est engazonnée avec des chemins pavés et organisée en damier.
Le premier bâtiment, sur un seul niveau, contient les espaces publics et communs du complexe scolaire (bibliothèque, orientation professionnelle, psychologue et salle de psychomotricité). La bibliothèque est visible en transparence à travers le hall d'entrée depuis l'extérieur. Un patio permet d'amener la lumière dans la profondeur de la bibliothèque, mais offre aussi la possibilité de consulter en extérieur des ouvrages dans un lieu particulièrement calme. Le second bâtiment contient une salle de sport, une salle de science et six salles de classe. L'intérieure de la salle de sport est visible depuis le hall d'entrée, par une grande fenêtre.

Maison familiale, Bonnefontaine

projet 2008, réalisation 2009

Un couple, dont les enfants ont grandi, souhaite construire une nouvelle maison qui convienne mieux à leur situation familiale actuelle. Il désire vivre et dormir sur un même niveau mais également pouvoir accueillir leurs petits-enfants. Leur terrain se situe en dehors du village de Bonnefontaine, à environ un mètre en-dessus de la route communale. La vue est magnifique mais le vent souffle fortement.

Le projet s'est développé, par ces contraintes sur trois demi-niveaux. Le premier, en lien avec la route, intègre le garage pour deux véhicules. Le deuxième est l'espace du couple alors que le troisième est situé sur le garage et est destiné aux petits-enfants. Le jeu des pans de toiture permet d'unir ces trois fonctions distinctes. Sur le niveau principal, une loggia qui peut être ouverte ou fermée par un vitrage coulissant, permet un espace extérieur protégé du vent. Cet espace agit comme transition entre tous les espaces de vie (le séjour, la salle à manger et la chambre). Le plan s'organise en quinconce autour de ce lieu, afin de favoriser les visions latérales et d'éviter de grandes surfaces de distribution. L'ensemble de l'étage est ainsi ouvert et seuls les espaces de service sont fermés.

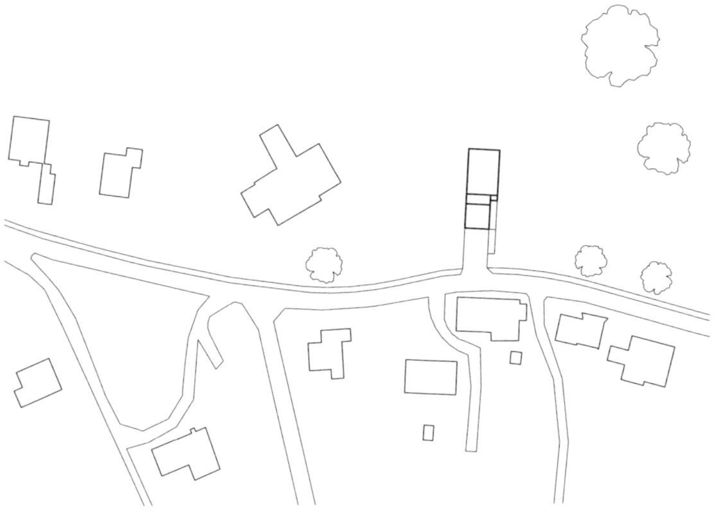

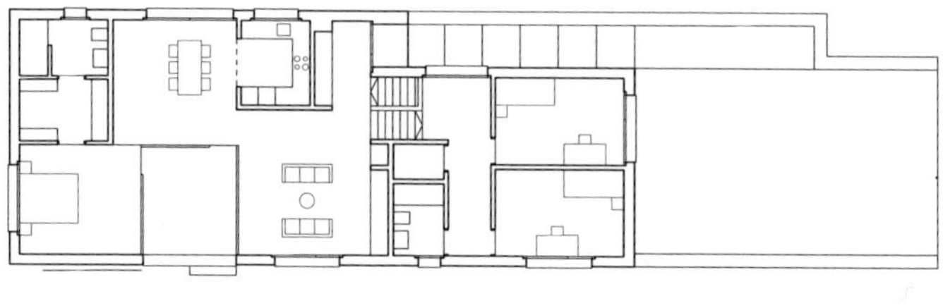

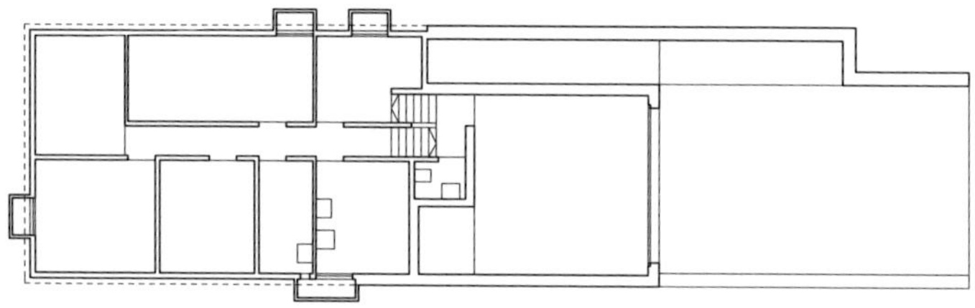

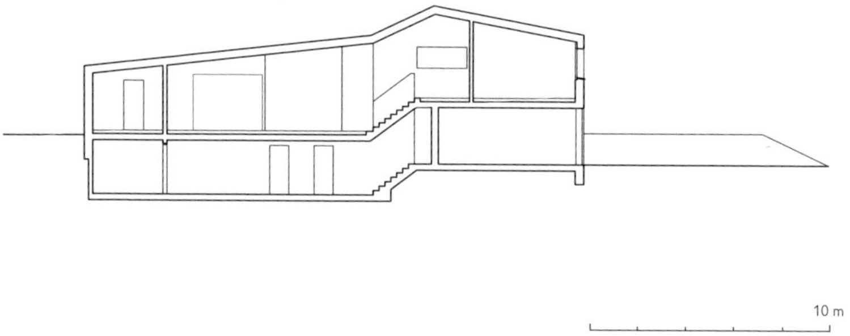
10 m

Collège primaire, St-Cierges

concours 2009, 1er prix, réalisation 2010–2011

Le village de St-Cierges est structuré par des bâtiments définissant les fronts de rue. Un seul vide, résultant de l'absence de volume, forme la cour de récréation, respectivement la place du village. L'école existante est la seule composante bâtie de cet espace de référence, délimité par un grand mur de soutènement à l'état de ruine.

Le projet reconstruit ce mur périphérique et accroche le nouveau bâtiment scolaire en bout de place, afin de requalifier l'espace extérieur principal. Le jeu de découpes dans la volumétrie signifie les couverts d'entrées aux étages inférieurs et supérieurs.

La typologie du plan résulte de la forme biaise de cet espace extérieur et offre ainsi des cadrages dynamiques au fond des couloirs. Le nouveau collège est composé de cinq salles de classe, d'une salle dégagement et d'une salle des maîtres, réparties sur trois niveaux. Le bâtiment historique demeure un objet solitaire en gardant son dégagement sur le village de St-Cierges.

Le nouvel établissement profite de la dénivellation du terrain pour réduire son impact visuel.

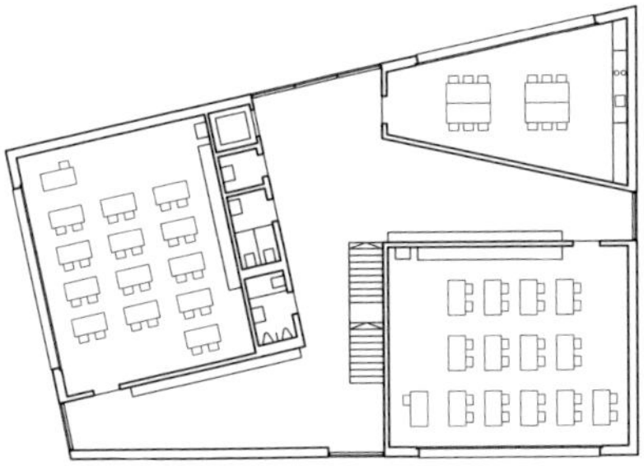

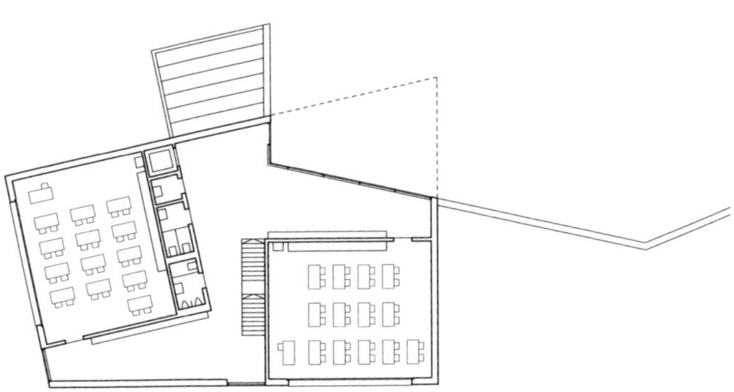

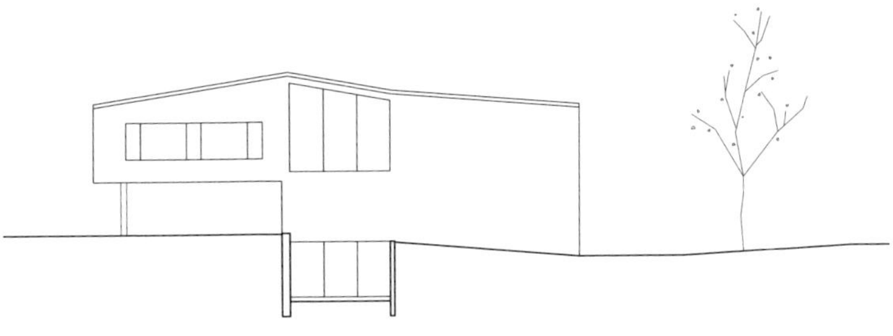

10 m

Maison familiale, Marly
projet 2012, réalisation 2013

La maison familiale à Marly est implantée dans un terrain à forte dénivellation. Elle est située en lisière de forêt alors que se trouve à l'arrière, un quartier de maisons très hétéroclite. L'idée est de s'implanter en haut de la parcelle avec comme unique connexion au contexte du quartier, l'accès à la maison. Aucune autre ouverture ne s'inscrit sur les façades nord et est.

Le projet se développe alors sur deux niveaux, orientés uniquement sur les côtés de la forêt, soit sur les façades sud et ouest. Les espaces jours sont situés au rez supérieur avec une terrasse à hauteur des branches d'arbres environnants. Cet espace s'affiche également comme une transition entre la partie de la salle à manger et le séjour. Une faille est aménagée au centre du bâtiment pour permettre l'accès au niveau inférieur, celui des chambres. Grace à un éclairage zénithal, la lumière baigne également dans les distributions du rez inférieur. Un accès indépendant permet l'accès au jardin.

La matérialité de la maison s'exprime par deux teintes, celle du béton blanchi et celle du bois, affirmant le langage des découpes et des ouvertures.

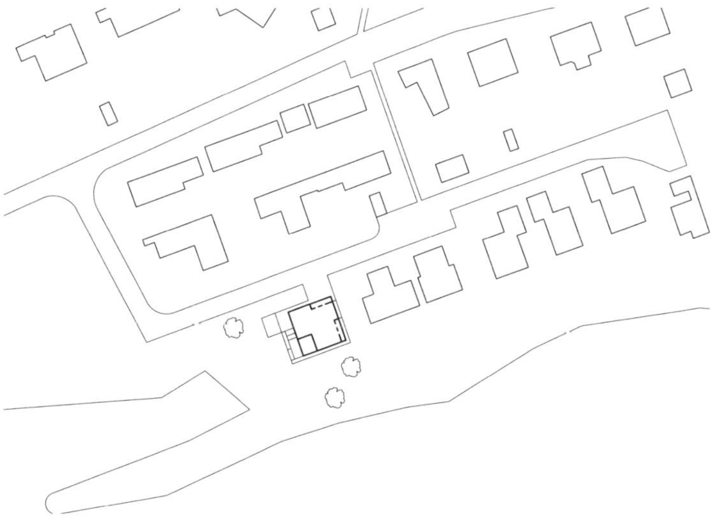

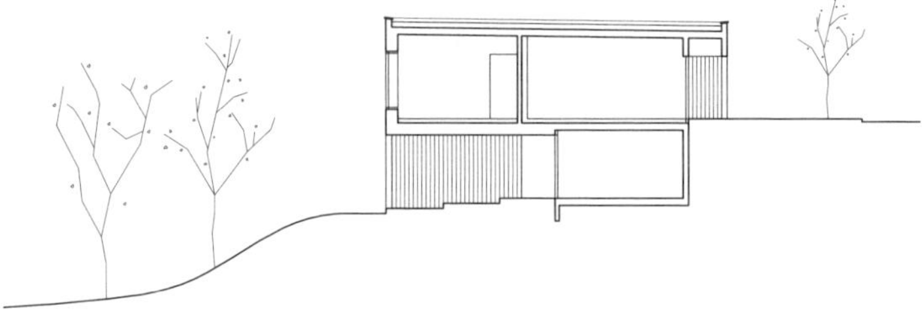

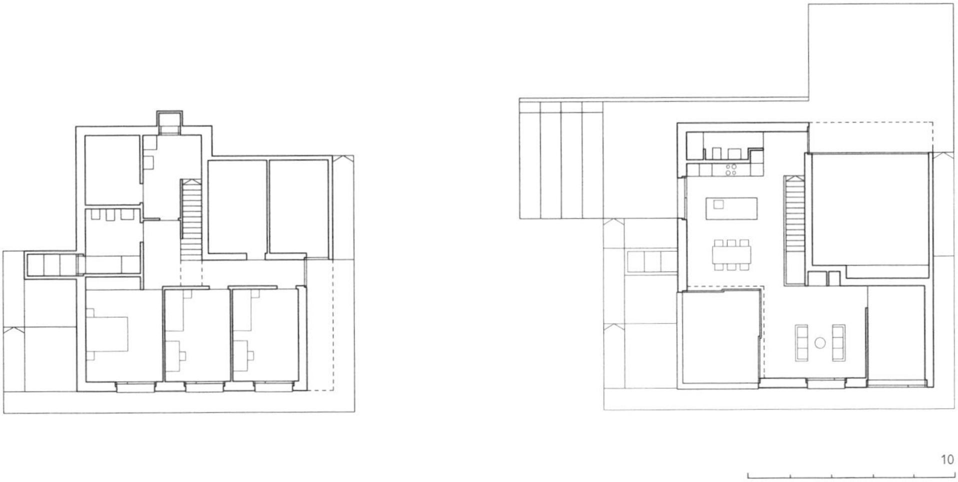
10 m

Ecole secondaire de Gilamont, Vevey

concours 2013, 1er prix, réalisation 2015–2018

L'école de Gilamont se compose d'un programme scolaire de 61 salles (classes et salles spéciales) ainsi que d'un programme public (salle de sport triple, aula, restaurant et bibliothèque). Ce programme est organisé dans un volume unitaire, implanté de manière à définir des espaces extérieurs clairs. D'un côté, la cour de récréation qui est également la place de village du quartier et de l'autre, les terrains de sport existants. Ce volume, par un léger déhanchement de sa géométrie, met en évidence les différents accès au bâtiment, l'un depuis la place, l'autre depuis le canal de la Veveyse. Le projet profite également de la dénivellation du site pour préciser la mixité et l'autonomie du programme.
Les fonctions publiques sont en relation directe avec les espaces extérieurs, au rez inférieur un accès direct à la salle de sport et au rez supérieur l'accès à la bibliothèque scolaire et communale, à l'aula et au restaurant. Les fonctions scolaires se développent dans les trois étages supérieurs. Les salles de classes sont disposées en périphérie, alors que les salles spéciales sont orientées vers une cour intérieure qui sert également d'apport de lumière zénithale à la salle de sport triple.

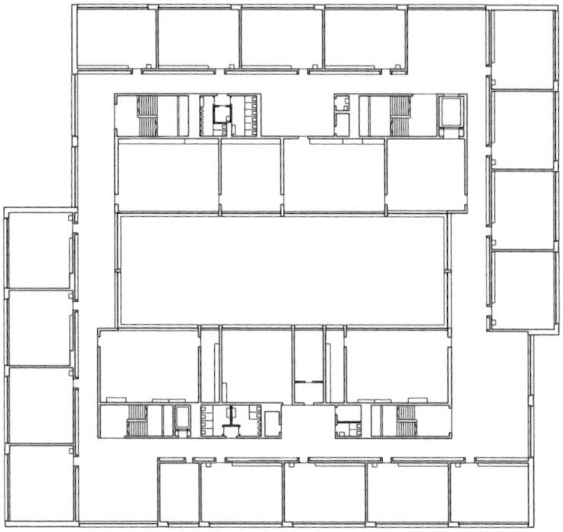

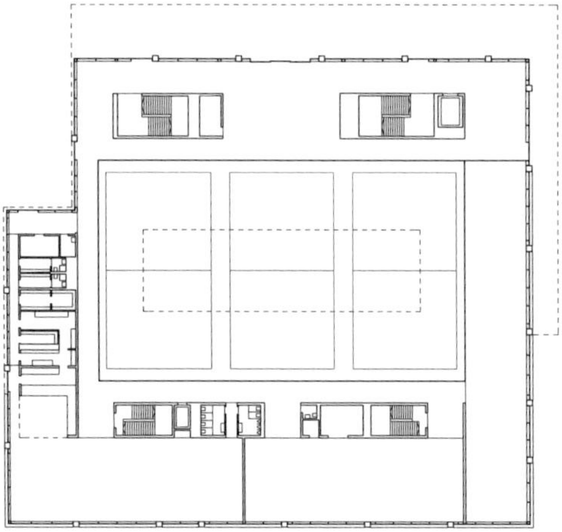

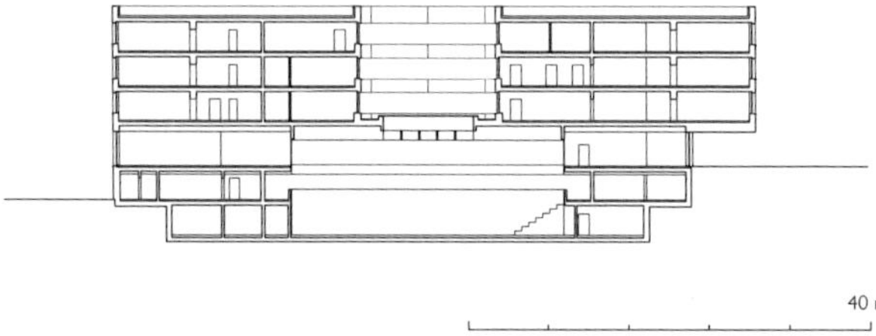
40 m

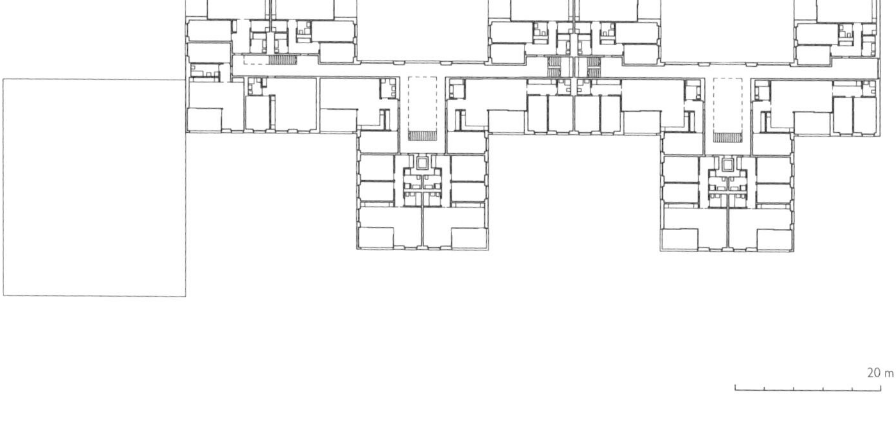
20 m

42 logements, Villars-sur-Glâne

concours 2013, 1er prix, réalisation 2015–2018

Le projet d'un nouveau quartier aux portes de la Ville de Fribourg, s'inscrit dans le cadre d'un plan d'aménagement de détail très précis. L'intention est de conserver l'intervalle des vides entre les maisons de maîtres environnantes. Deux bâtiments principaux prennent place à proximité de la route de la Glâne, alors que trois volumes plus bas reprennent la différence de topographie à l'arrière de la parcelle.
Le rez-de-chaussée est entièrement dévoué aux fonctions commerciales. Les étages qui contiennent l'ensemble des appartements, sont accessibles par l'arrière du site, uniquement à pied. Une partie des logements s'oriente au sud, vers les Préalpes fribourgeoises alors qu'à l'arrière, les appartements s'organisent autour de deux grandes cours, avec une orientation est-ouest. Une rue intérieure dessert les deux premiers niveaux de logements, alors que les deux étages supérieurs, qui sont connectés à cet espace de distribution, sont accessibles par des cages verticales indépendantes.
La façade monolithique est réalisée en béton teinté, avec parfois de grandes surfaces blanchies qui révèlent, de l'extérieur, la disposition des appartements.

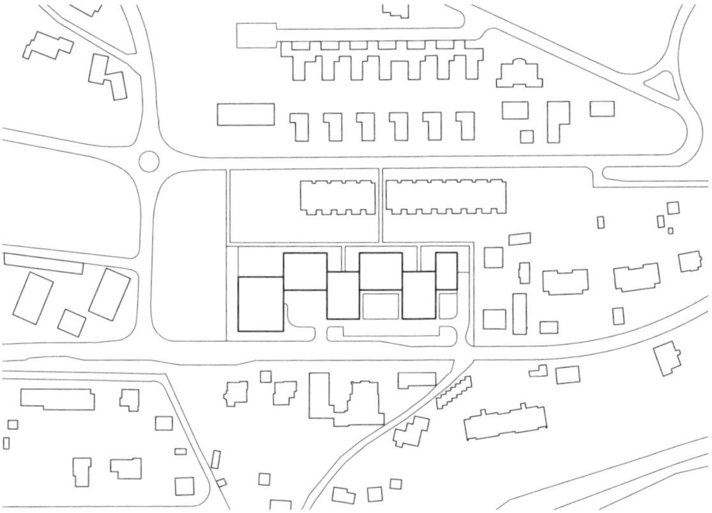

18 logements, Fribourg

projet 2009, réalisation 2010–2012

Le quartier du Jura à Fribourg est composé de grands immeubles de logements, aux typologies d'appartements traversantes, orientées est-ouest. Une grande barre de logements termine cette composition et définit un parc en limite supérieure du site. Le nouveau bâtiment de dix-huit logements s'implante en perpendiculaire des volumes existants. Cette intervention permet non seulement de privatiser le parc, mais permet également la mise en place d'une typologie de logements sans confrontation directe avec le voisinage. La simplicité d'organisation des espaces extérieurs est également la résultante de cette implantation.
Les appartements 3.5 pièces et 4.5 pièces s'organisent de manière traversante avec les espaces de séjours au sud, côté ville, et les espaces de chambres au nord, côté parc. Les appartements 2.5 pièces sont orientés au sud avec une loggia comme articulation entre l'espace jour et la chambre.
La matérialité également joue la confrontation avec les bâtiments existants, alors que les ouvertures, de taille identique, sont placées de manière répétitive afin de renforcer l'homogénéité et l'unité de l'ouvrage. Seules deux découpes angulaires déstabilisent volontairement cet ordre.

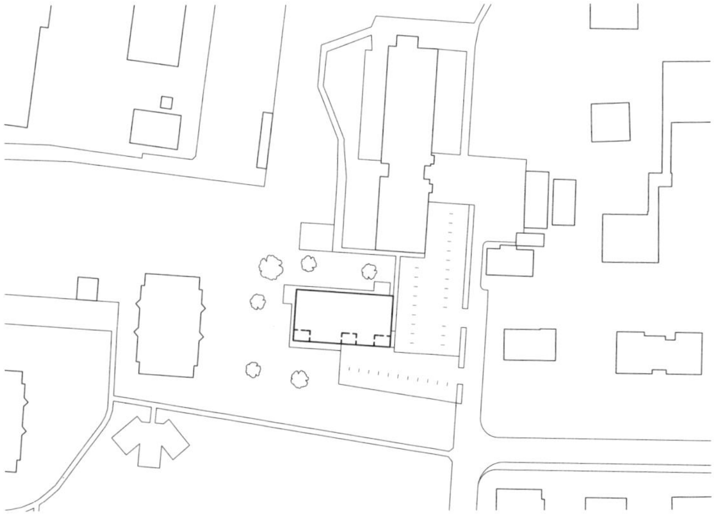

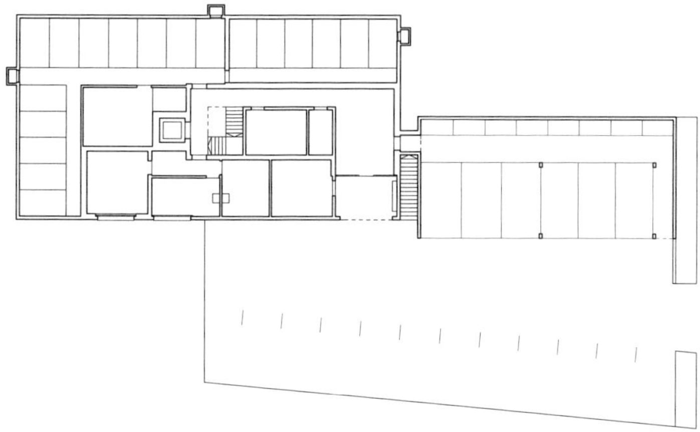

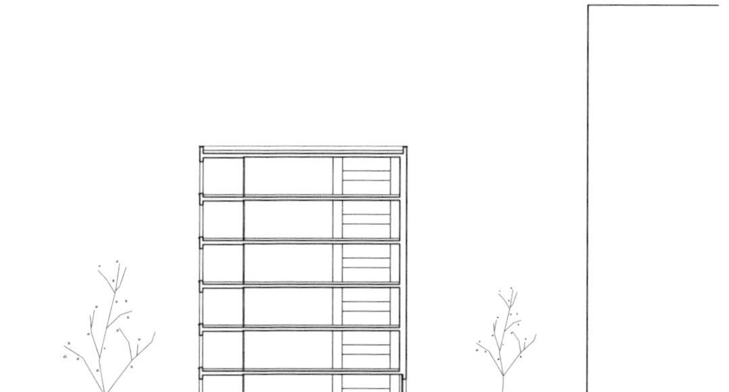
10 m

Ecole enfantine, Givisiez

concours 2010, 1er prix, réalisation 2011–2012

Le projet de l'école enfantine de Givisiez est situé dans un jardin, à côté de plusieurs pavillons scolaires existants réalisés dans les années septante. L'école s'implante le long du chemin de distribution principal du complexe solaire. Elle définit ainsi l'ensemble des aménagements extérieurs de manière précise.

Le nouveau volume redéfini également l'accès au site scolaire depuis le chemin d'Affry. Le volume est entaillé de ce côté afin d'offrir une échelle volumétrique réduite, à la taille de l'enfant. La façade d'accès du nouveau bâtiment est également ciselée, afin de proposer un nouveau couvert d'entrée, en relation visuelle directe avec l'ensemble des anciens bâtiments. La nouvelle école reprend les deux géométries principales du site (chemin d'accès et route communale) et offre ainsi des dégagements en biais dans les espaces distributifs des quatre salles de classe.

La toiture en biais reflète également la double géométrie de cet ouvrage et dynamise l'espace du dernier niveau. Les façades du nouveau bâtiment sont réalisées en béton teinté vert, renforçant le côté d'un «jouet pour enfants». L'intérieur, de teinte plus vive, reste dans la même chromatique.

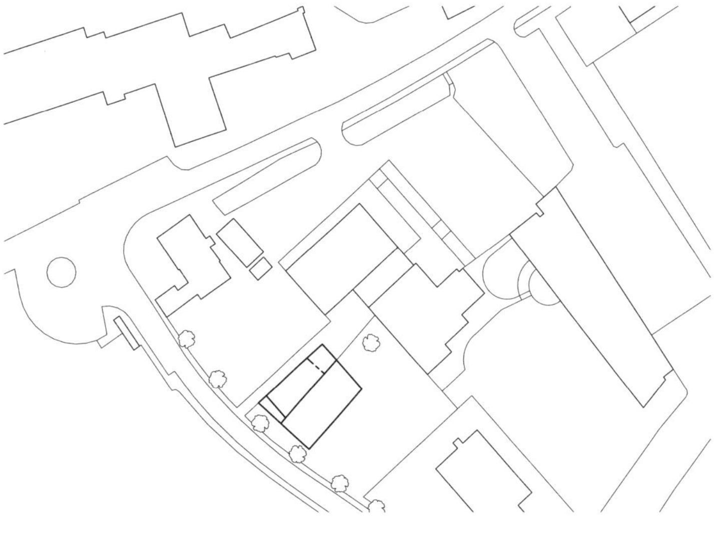

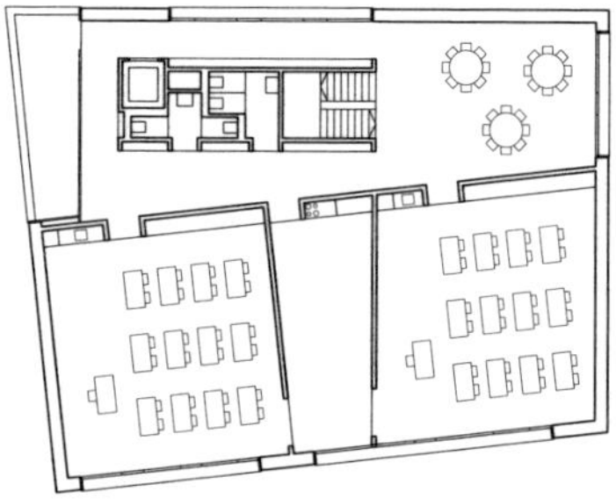

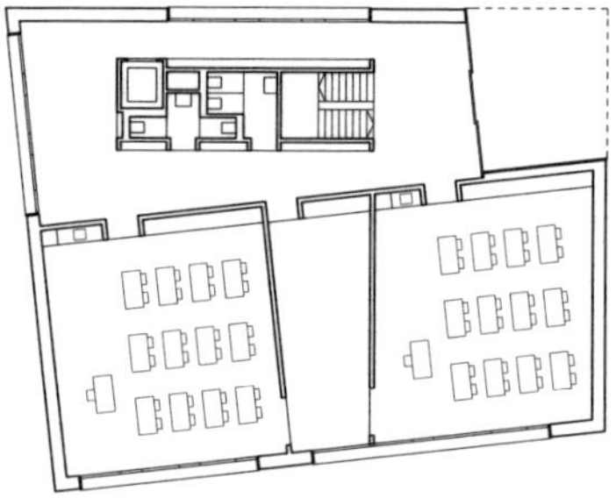

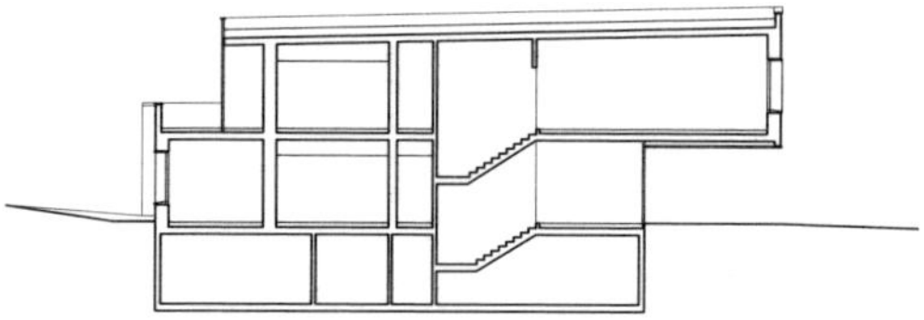

10 m

40 logements, Tentlingen

projet 2008, réalisation 2012–2014

Le nouveau quartier Dorfmatte s'intègre dans un cadre rural et champêtre, en bordure de deux routes de quartier. Trois volumes sont disposés en apparence de manière aléatoire, mais tiennent compte des orientations, des différentes vues et des accès existants, tout en gardant cette identité de verdure. La réalisation s'inscrit comme une intervention forte dans ce lieu, tout en refusant une forme de type urbain. Le jeu des toitures rappelle les constructions rurales et les montagnes environnantes. Il dynamise également la composition et offre une multitude de perspectives. Les places de stationnement des habitants se trouvent majoritairement au sous-sol, alors que les places visiteurs se trouvent en bordure de parc. Seuls des chemins piétonniers permettent l'accès en surface aux trois bâtiments.
L'organisation du plan permet de distribuer quatre logements par étage, en intégrant à chaque fois des loggias comme espace de transition avec le paysage et des balcons «baignoires» dans les combles. La disposition centrale des fonctions de service permet une grande flexibilité des espaces principaux sur le pourtour du bâtiment et offre ainsi une diversité d'appartements entre les étages et les trois bâtiments.

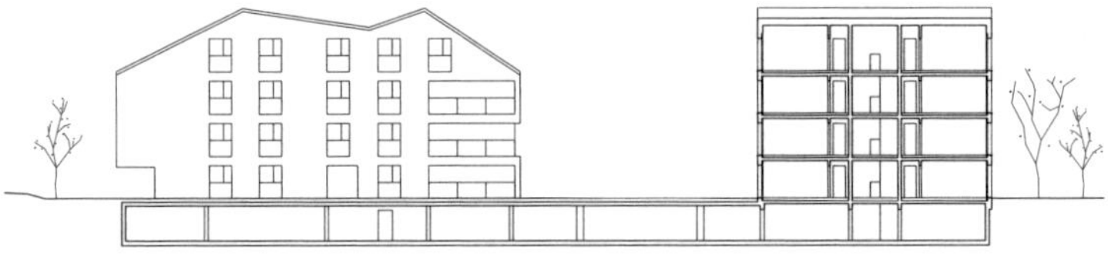

20 m

Salle polyvalente, Sâles

concours 2012, 1er prix, réalisation 2012–2014

Une salle de sport existante est implantée, de manière hasardeuse au milieu des champs, à l'extérieur du village de Sâles. La commune, qui compte plusieurs sociétés locales, souhaite construire une nouvelle salle de spectacle à proximité de celle existante.

Les enjeux par l'implantation de la nouvelle salle polyvalente sont d'offrir une identité forte à ce site, de redéfinir une entrée commune avec la salle de sport, de profiter de réorganiser la buvette et de proposer une utilisation simultanée des deux salles et des deux galeries spectateurs par l'escalier existant. Le projet propose ainsi de nettoyer les différents rajouts de la salle existante et de s'accoler à ce bâtiment, en profitant du jeu des pans de toiture. L'ensemble définit ainsi les aménagements extérieurs. Il ne s'agit pas de neutraliser les façades de l'ancien bâtiment, mais d'affirmer les différentes époques de construction.

Deux nouveaux terrains de football sont réaménagés aux abords de la place d'accès principale. L'ensemble réorganisé, propose ainsi une nouvelle échelle du bâti dans ce milieu rural et offre une nouvelle image unitaire, comme pôle culturel et sportif du village de Sâles.

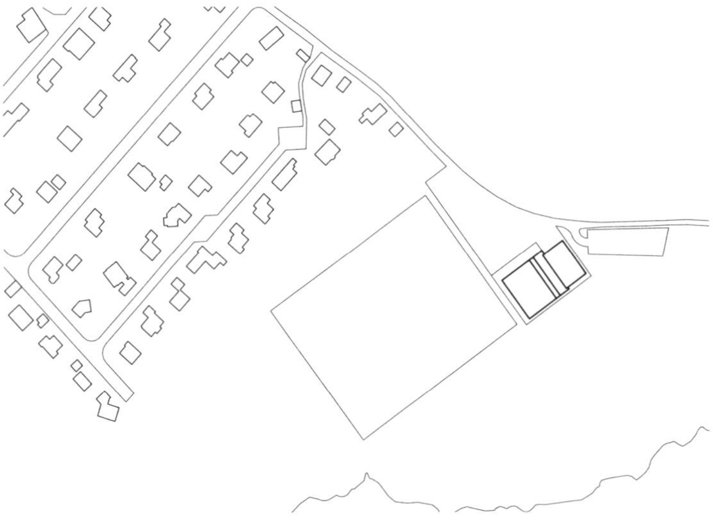

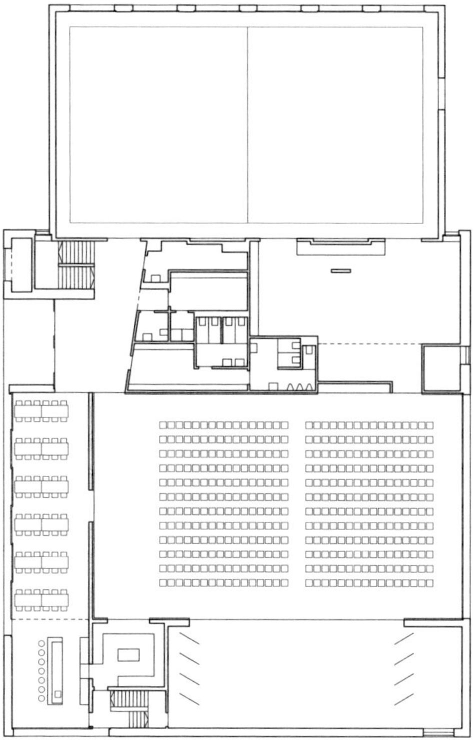

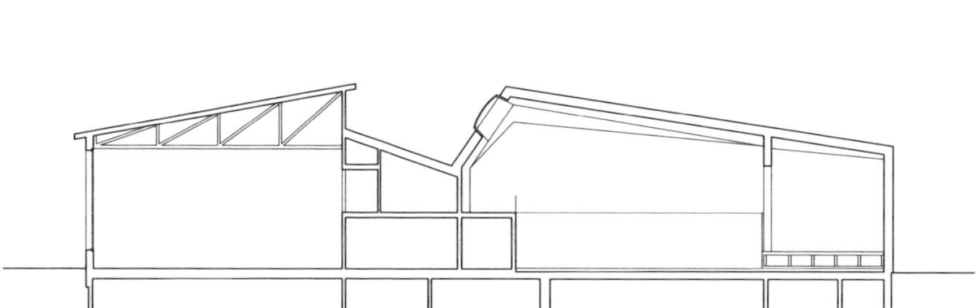

10 m

Etablissement médico-social du Gibloux, Farvagny

concours 2010, 1er prix, réalisation 2014–2017

Le home existant, d'une capacité de 48 lits, est implanté perpendiculairement à la pente du terrain, dans un quartier de maisons individuelles. L'entrée se fait actuellement directement depuis le parking, de manière abrupte et sans transition avec l'intérieur du bâtiment. Le projet propose, par l'implantation d'un bâtiment de tête, de redéfinir l'accès principal et d'augmenter la capacité du home à 72 lits en minimisant l'impact de sa volumétrie. Les fonctions à l'intérieur du bâtiment sont également réorganisées.
La nouvelle entrée se fait au rez inférieur où se trouvent l'administration et le foyer de jour, qui peut de ce fait fonctionner indépendamment du home. Un escalier et un grand vide relient ce niveau au rez supérieur ou s'organisent toutes les fonctions communes des résidents, le séjour, la cafétéria, la chapelle, la salle d'activité, ainsi que la cuisine. Une terrasse est également aménagée sur la toiture du foyer de jour. Les chambres des résidents prennent place dans les étages, avec de nouveaux séjours d'unité à l'intersection des deux corps de bâtiment.
Les combles sont transformés en une unité psychogériatrique avec une sortie directe sur la toiture du nouveau bâtiment.

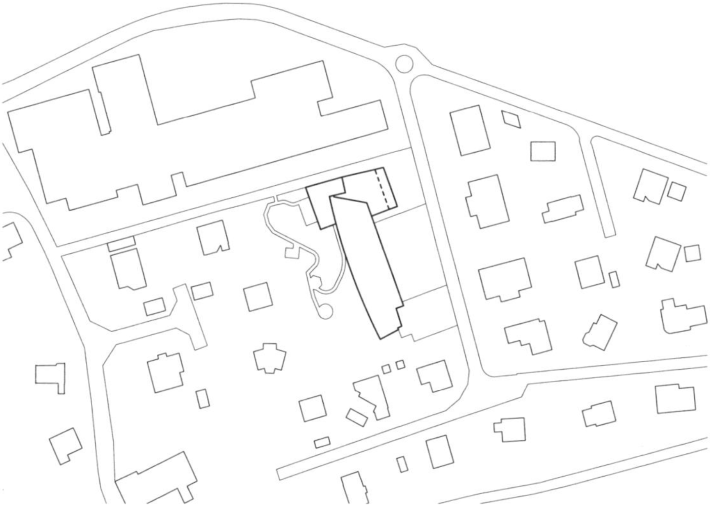

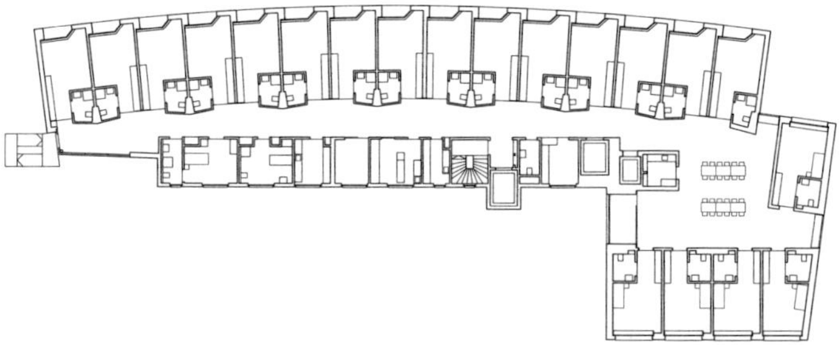

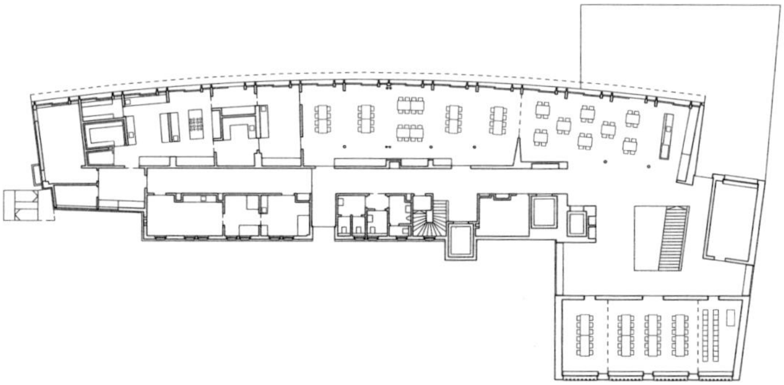

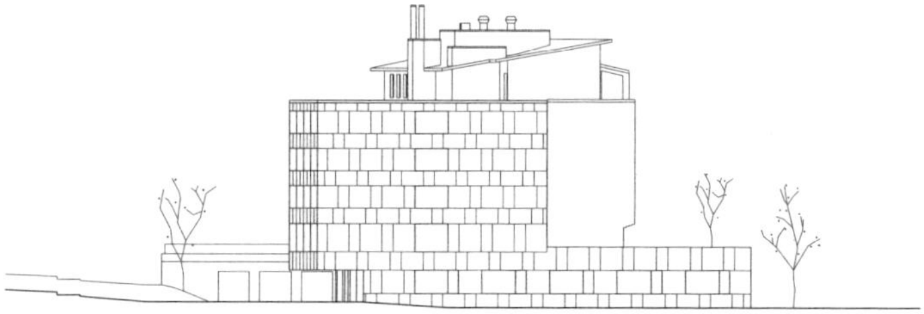

20 m

Logements La Toula, Bulle

concours 2013, projet non primé

Ce projet s'implante dans un des derniers «prés-ruraux», situé en plein cœur de la Ville de Bulle. La densification rapide de cette ville s'est faite au détriment du caractère rural de la Gruyère. Cet «îlot-vert» est positionné comme un lieu charnière entre la vieille ville et la zone industrielle. Le concept est de conserver ce champ, en y implantant un bâtiment fragmenté, de forme organique qui définit 3 sous-espaces à l'intérieur de ce parc.

Par ces multiples facettes, l'échelle fragmentée du complexe permet des vues traversantes à l'intérieur de cet espace public. Le rapport du retrait des bâtiments à la rue amplifie cette thématique. Le rez-de-chaussée «vert» peut ainsi être traversé de toutes parts et est complété par des petites surfaces commerciales.

Les 130 appartements prennent places au-dessus du jardin. Les vues directes entre appartements sont quasi-inexistantes avec une densité harmonieuse. Les appartements sont traversants, tantôt à l'intérieur du parc, tantôt à l'extérieur. Les places de stationnement se trouvent en sous-sol, à l'exception de quelques places en bordure de parcelle.

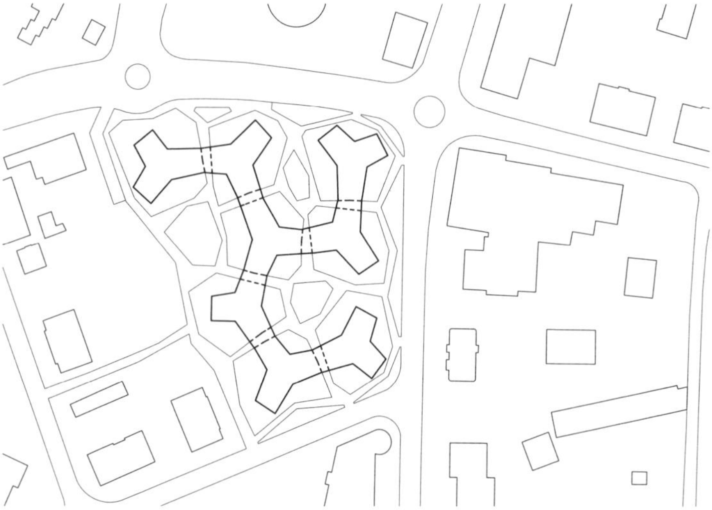

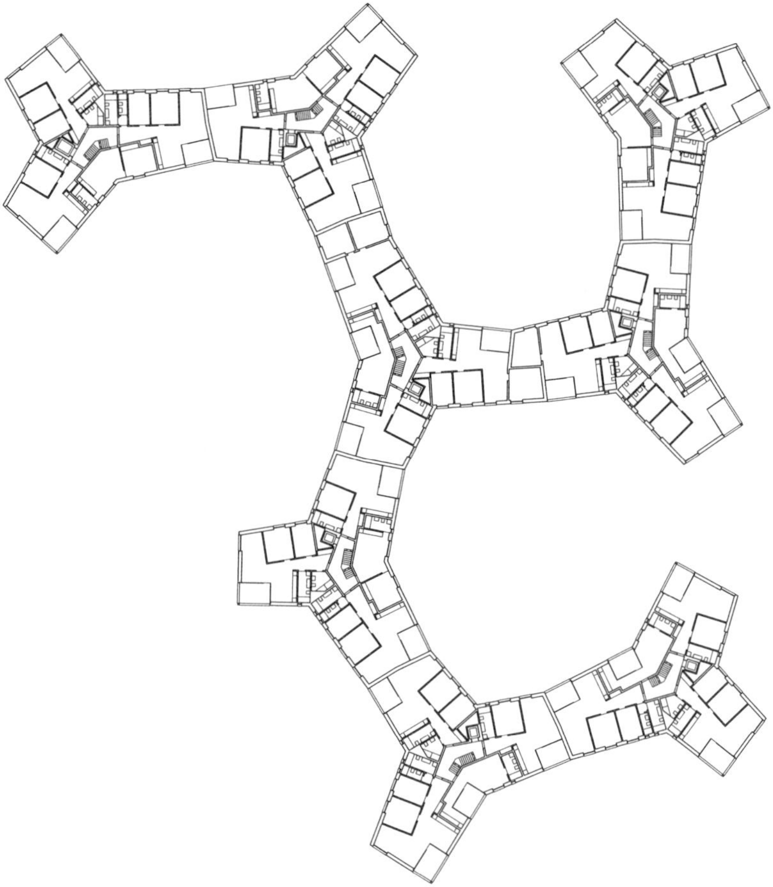

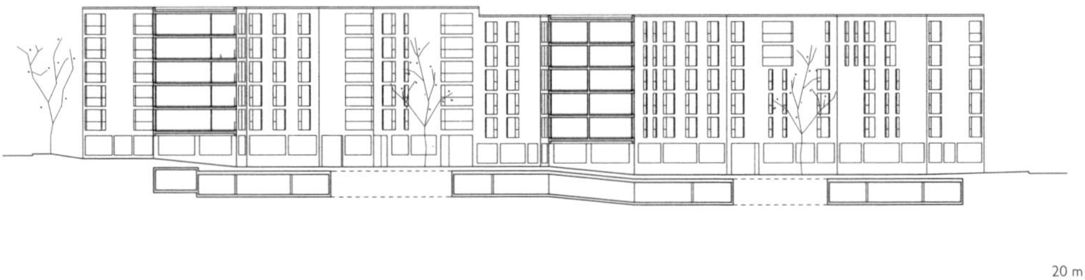
20 m

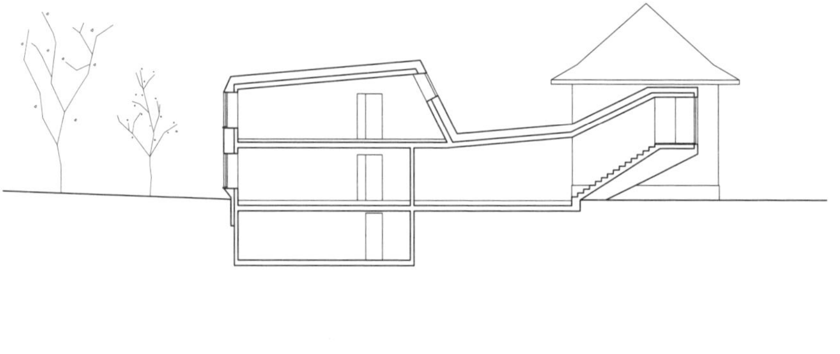
10 m

Administration communale, Matran
projet 2014, réalisation 2016–2017

L'ancienne école de Matran est un bâtiment historique classé au patrimoine fribourgeois et actuellement à l'état d'abandon. La commune a demandé au bureau d'architectes quel était le potentiel de réaffectation de cet ouvrage, dont la surface au sol est très faible. L'ancienne salle de classe à l'étage est représentative des espaces scolaires de l'époque. Une fonction publique a été souhaitée, afin de valoriser l'espace principal et de conserver ce bâtiment public de qualité.
En raison du manque de surfaces, l'adjonction d'un nouveau corps de bâtiment est nécessaire. Un nouvel édifice, réalisé par de multiples facettes et par des géométries fortes et venues «s'agripper» à l'ancienne école en affirmant son époque.
La nouvelle administration communale prend place sur deux niveaux dans le bâtiment en bardages bois, alors que le secrétariat, dans la partie basse de l'extension, assure la transition entre les deux parties de volumes. L'escalier d'accès à la nouvelle salle polyvalente à l'étage du bâtiment existant est exprimé de manière représentative en façade. La matérialité de l'agrandissement est différente de l'ancienne construction.

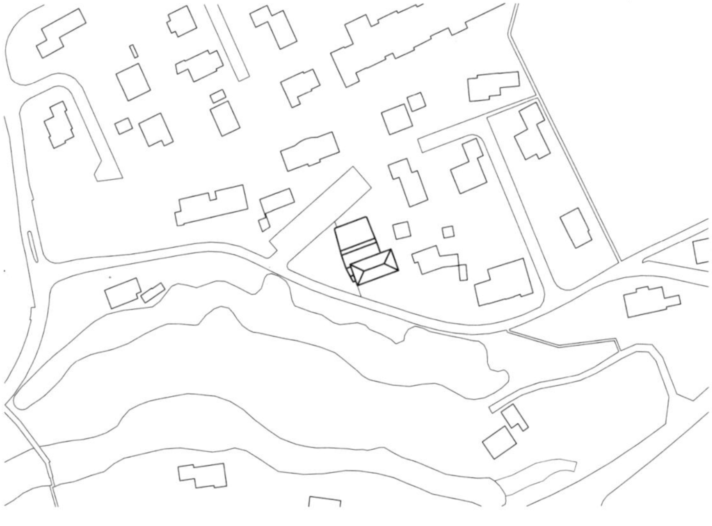

Liste des travaux

2004	1	Concours école des métiers, Fribourg; 6e prix
		Concours halles militaires pour chars, Bière; 4e prix
2005		Concours école professionnelle, Fribourg; 7e prix
2006		Centre thérapeutique de jour, Givisiez (Concours 2004; 1er prix)
	2	Concours école primaire, Attalens; 2e prix
2007	3	Concours EMS, Cugy; 5e prix
		Concours école enfantine, Courtepin; 2ème prix
2008	4	Concours Wankdorf, Berne; 1er prix, 2ème rang (avec KPA architekten)
2009		Maison familiale à Bonnefontaine
2010		Cycle d'orientation, Domdidier (Concours 2006; 1er prix)
	5	Rénovation bâtiment administratif « CROCS», Domdidier
	6	Maison familiale, St-Sylvestre
2011		Collège, St-Cierges (Concours 2009; 1er prix)
	7	Concours école primaire, Châtonnaye
		72 logements, Fribourg
	8	Transformation de 2 logements, Fribourg

1

2

3

4

5

6

2012 École, Givisiez (Concours 2010; 1er prix)
18 logements, Fribourg
2013 Villa familiale, Marly; «best architects 16»
Concours 130 logements La Toula, Bulle
2014 Salle polyvalente, Sâles (Concours 2012; 1er prix); «best architects 16»
40 logements, Tentlingen
9 Concours 18 logements pour seniors, Fribourg; 3e prix

En cours
10 8 logements en PPE, Fribourg
11 8 logements, Onnens
Administration communale, Matran
12 8 logements en PPE, Lentigny
Établissement médico-social, Farvagny (Concours 2010; 1er prix)
École secondaire de Gilamont, Vevey (Concours 2013; 1er prix)
42 logements, Villars-sur-Glâne (Concours 2013; 1er prix)

7

8

9

10

11

12

	Alexandre Clerc
1973	Né à Fribourg
1988–1992	CFC de dessinateur en bâtiment
1993–1996	Ecole d'ingénieurs et d'architectes, Fribourg
1997–1998	Collaborateur J-M Bovet, Fribourg
1998–2001	Collaborateur O. Charrière, Bulle
2001–2003	Collaborateur Devanthéry & Lamunière, Genève
2003	Fondation ACARCHITECTES, Fribourg
depuis 2008	Prof. école d'ingénieurs et d'architectes, Fribourg

	Thomas Waeber
1981	Né à Fribourg
1999–2004	CFC de dessinateur en bâtiment
2004–2007	Ecole d'ingénieurs et d'architectes, Fribourg
2007–2011	Collaborateur R. Mühlethaler, Berne
2011–2013	Collaborateur ACARCHITECTES
depuis 2014	Membre de la direction ACARCHITECTES

	Fabrice Macheret
1982	Né à Fribourg
1997–2001	CFC de dessinateur en bâtiment
2001–2004	Ecole d'ingénieurs et d'architectes, Fribourg
2006–2011	Collaborateur Page architectes, Fribourg
2011–2013	Collaborateur ACARCHITECTES
depuis 2014	Membre de la direction ACARCHITECTES

Collaboratrices et collaborateurs 2004–2015

Xavier Perez, Pascal Yerly, Yannick Jolliet, Cédric Bongard, Arnaud Bugnon, Célia Soltermann, Mariève Prudat, Andy Walder, Nuria Bravo, Laurent Probst, Jérémy Binder, Samuel Vicente, Mathieu Monbaron, Anne-Laure Oberson, Pascal Deschenaux, Henri-Dominique Uldry, Alain Dafflon, Nicolas Jacot, Mathieu Ziegenhagen, Fanny Janin, Arnaud Scheurer, Lucien Bourban, Cindy Limat, Jorge Manuel de Jesus, Carole Andrey

Soutien financier et parrainage

Nous remercions tout particulièrement les institutions et les entreprises sponsors. Leur soutien financier est une contribution importante à la parution de cette collection d'ouvrages. L'engagement culturel des institutions et des entreprises a permis d'établir une coopération fructueuse et amicale entre culture et économie de la construction.

ERNST GÖHNER STIFTUNG

Antiglio SA / Routes Modernes SA, Fribourg

Geneux Dancet SA, Fribourg

Noël Ruffieux & Fils SA, Epagny/Gruyères

AWA Constructions Métalliques SA, Marly

Glas Trösch AG, Bützberg

RealSport Group, Rossens

Crinimax Clément Peinture SA, Fribourg

Groupe E Connect SA, Matran

Sassi SA, Corminbouef

Edy Toscano SA, Domdidier

HKM SA, Givisiez

Zumtobel Lumière SA, Romanel-sur-Lausanne

Die neue Küche GmbH, Niederwangen; Fire System SA, Bulle

Quart Editions Lucerne

Anthologie – Le point sur le travail de jeunes architectes

Quart Verlag GmbH, Heinz Wirz, CH-6006 Luzern
books@quart.ch, www.quart.ch